DÉCOUVRE LES SPORTS

DIABLOTIN JEUNESSE

Le Sport est bon pour la santé, dès le plus jeune âge pour 3 raisons :

- Sur le plan physique, cela va te permettre de découvrir ton corps, de te muscler, de te défouler, de canaliser ton énergie. Tu vas développer ta motricité, ta concentration, la coordination de tes gestes, l'endurance, la souplesse, l'agilité, l'équilibre...

- Sur le plan mental, avoir une activité physique va t'aider à avoir confiance en toi, à t'estimer, à gérer tes émotions, à lâcher prise, à diminuer ton anxieté, à vivre de beaux moments.

- Sur le plan social, tu vas pouvoir te faire des amis, apprendre à vivre en groupe si tu pratique un sport collectif, à accepter les régles, à respecter les autres, à partager des victoires mais aussi des défaites qui te feront grandir.

Il existe beaucoup de sports, tu peux essayer plusieurs activités physiques avant de trouver celle qui te conviendra suivant ton âge, tes envies, tes capacités physiques, ton caractère. L'important est de pratiquer un sport tout en te faisant plaisir.

Tu peux faire du sport en famille, à l'école, mais tu peux aussi commencer par faire des stages, cela te permettra de découvrir l'activité et ensuite si tu as trouvé le sport qui te plait, tu pourras t'orienter vers une association ou un club.

Tu vas découvrir dans ce livre, quelques Sports imagés par de belles illustrations avec des informations qui vont t'indiquer les bienfaits de chaque activité sportive, les équipements nécessaires et les valeurs liées à cette activité. Tous ces sports peuvent être pratiqués par les filles et les garçons.

Est-ce que tu préfères un sport collectif ou individuel ?

Voici les différentes disciplines sportives illustrées dans ce livre :

- Le Cyclisme
- Le Yoga
- L'Athlétisme : la marathon, la course
- Sports de combat : le judo, le karaté, la boxe
- Sports de balle ou de raquette : le golf, le tennis
- Sports de ballon : le football, le voley-ball, le basket-ball
- Sports de glisse : le ski, le patinage, le hockey sur glace
- Sports de rue : le skateboard ou planche à roulette, le roller
- Sport de tir : le tir à l'arc
- Sport équestre : l'équitation
- La danse classique
- La gymnastique
- Sports nautiques : la natation, le surf

Le cyclisme

Le samedi, Issa et Raphaël aiment faire du vélo, une saine activité pour la santé. Le vélo renforce les muscles, le système immunitaire et respiratoire. Il améliore l'équilibre, la concentration, la confiance en soi. On peut le pratiquer seul ou à plusieurs. Et le vélo est écologique car il n'abîme pas la planète, on adore.

Le yoga

Jules et Joséphine pratiquent le yoga pour s'initier au bien-être. C'est une discipline complète physique et spirituelle où on travaille les postures, l'équilibre, la respiration, la concentration, la méditation, l'union, la souplesse. On écoute son corps tout en le musclant, on tonifie sa silhouette. On réduit son stress et le yoga aide à la confiance en soi.

Valeurs :

Connaissance – Ecoute – Persévérance – Respect – Lâcher-prise – Absence de jugement – Effort – Tolérance – Art de vivre –

Le marathon

Tom et Fanny aiment courir dans la nature avec Poppy leur petit chien. Ils se sentent libres, c'est bon pour la santé. Le marathon influence l'humeur, la croissance et le rendement scolaire... Et en plus, on peut admirer les belles fleurs et les paysages sur son passage.

La course

Marie va passer la ligne d'arrivée, elle va gagner la course, tous ses efforts sont récompensés mais elle respecte ses adversaires. La course à pied requiert 3 facteurs : l'endurance, la vitesse et la résistance. Pour progresser, il faut s'entraîner régulièrement. La course est bénéfique pour la santé en général, pour le corps et le coeur.

Le judo

Jérémy et Chloé trouvent cette activité très ludique, c'est physique. Le judo permet aussi de contrôler ses émotions. C'est un sport complet, bon pour le corps et l'esprit.

C'est un sport où on développe des capacités de motricité, des qualités de vitesse, d'équilibre, de souplesse. On travaille la coordination des mouvements. On fait des prises, on se déplace, on fait des roulades. On commence avec une ceinture blanche, la couleur des ceintures symbolisent la progression, ensuite il y a la ceinture jaune, orange, verte, bleue, marron, noire et rouge.

Le karaté

Au Karaté, on apprend des techniques d'attaque et de défense, on donne des coups.

Flora et Nélia sont des petites filles très actives. Le karaté leur permet de se concentrer, de contrôler leurs émotions, de libérer leur énergie. Pour apprendre les mouvements, elles doivent aussi travailler leur mémoire, la coordination de leurs gestes, l'équilibre, la concentration... C'est un sport basé sur le contrôle de soi et le respect de l'autre. Comme au judo, on commence avec la ceinture blanche et on peut progresser jusqu'à la ceinture rouge.

La boxe

Les enfants après l'école vont faire de la boxe, ils aiment beaucoup, c'est très physique. La boxe permet d'améliorer la respiration, l'endurance, mais aussi de prendre confiance en soi, on progresse, on dépasse ses limites, on stimule la confiance, l'estime de soi, la détermination et on apprend à respecter son adversaire...

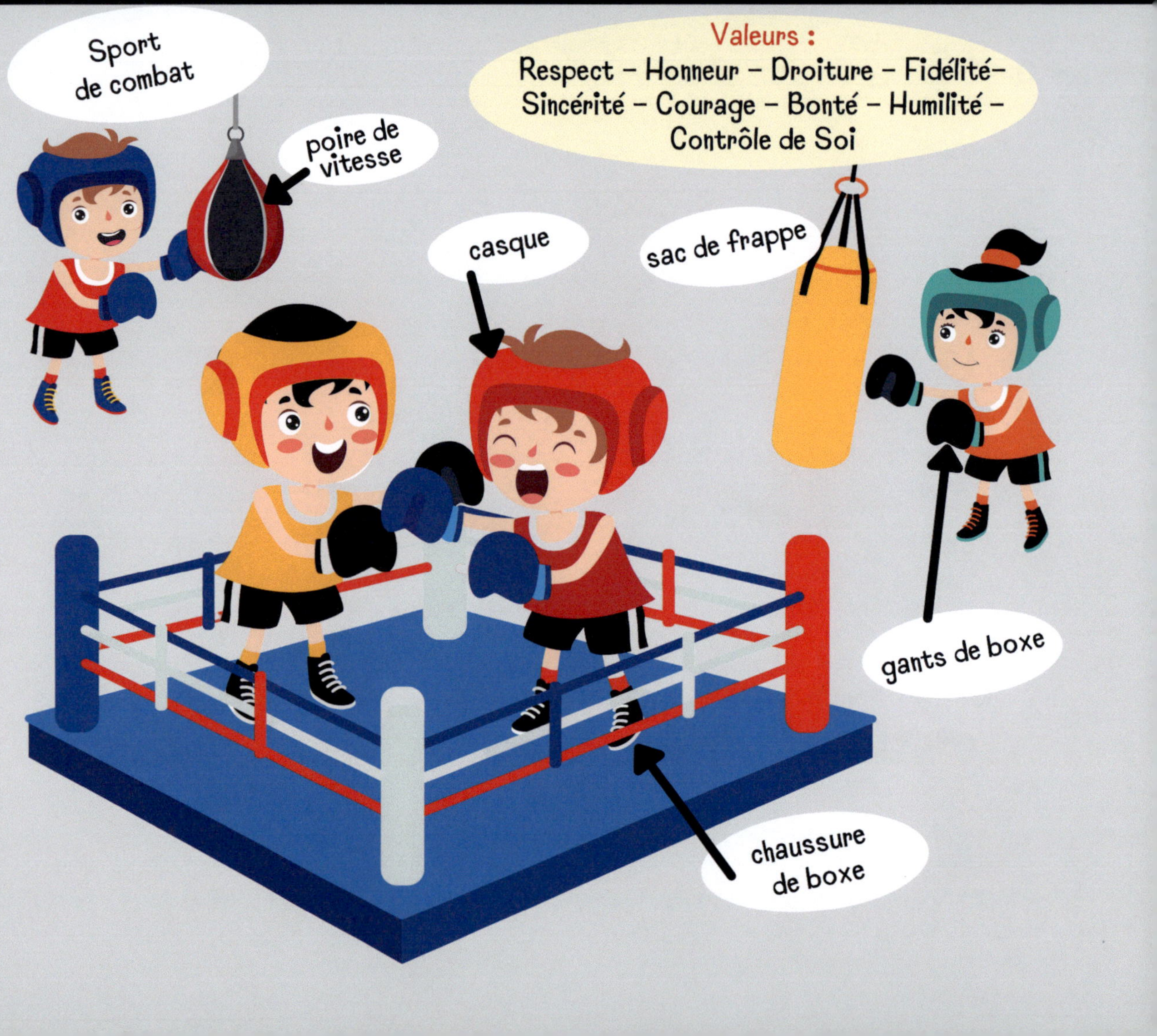

Le golf

Capucine apprend le golf, elle aime être à l'extérieur. Le golf favorise le développement physique et mental, les gestes de vitesse, l'équilibre, la coordination. C'est un sport où il faut se concentrer, on apprend aussi à se contrôler... et on profite de la nature. Le golf se joue sur des parcours de 6, 9 ou 18 trous . C'est aussi une activité que l'on peut pratiquer en famille.

Le tennis

"Allez Sofia, encore 1 point, et tu gagnes le match!"
Le tennis est un sport très complet, on développe la coordination physique, l'endurance... Au niveau psychologique, le tennis forge le mental, on apprend à dominer ses émotions, à se faire confiance, à gérer son adversaire.

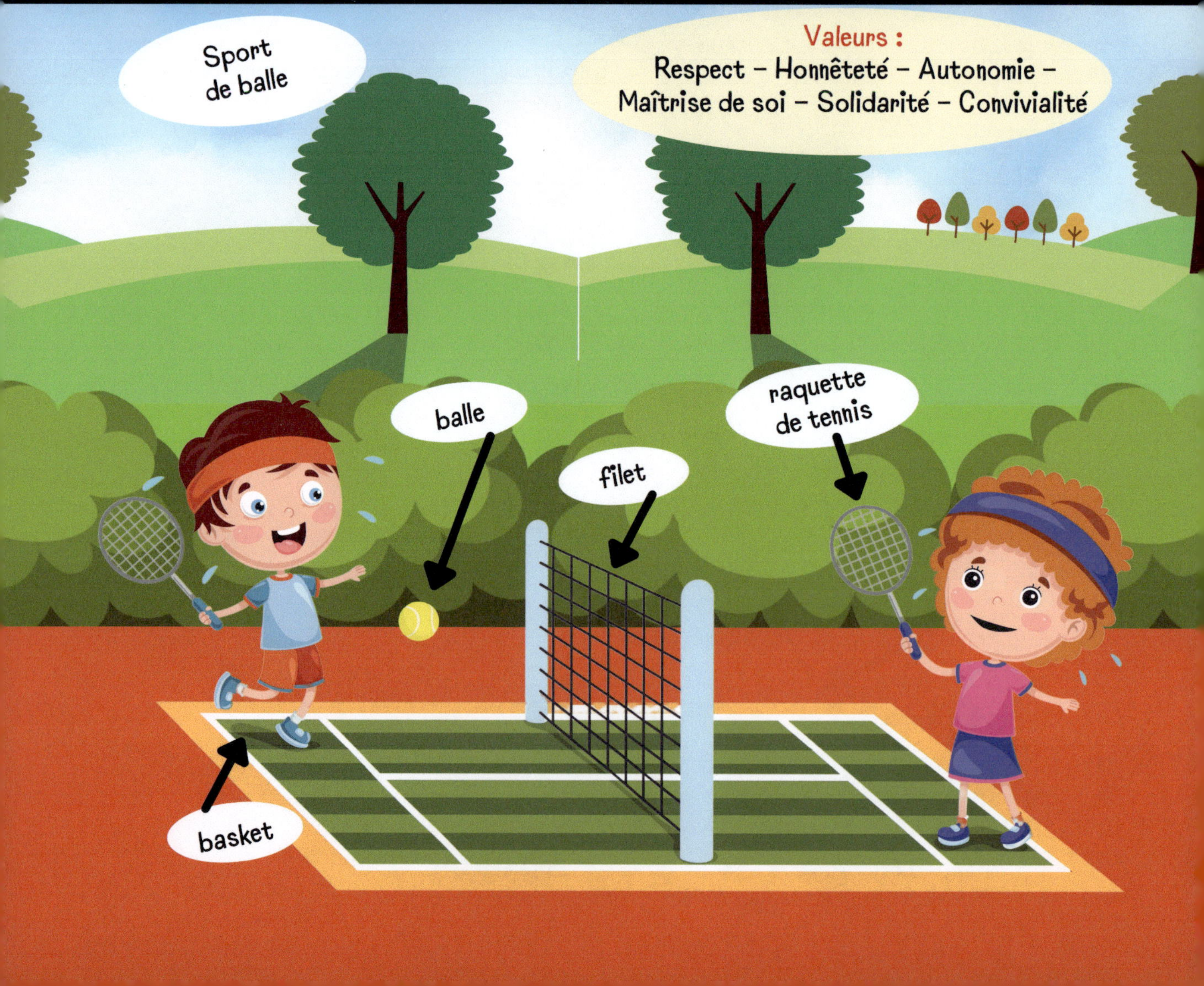

Le football

Le football est un sport collectif, très populaire. On peut y jouer à l'école, dans un jardin, dans un club... Il développe l'esprit d'équipe, la coordination, l'endurance, Il renforce les muscles des jambes, des abdominaux. Il favorise l'épanouissement personnel... Le week-end on participe à des tournois, nos amis et parents viennent nous voir, c'est super !

Le volley-ball

Gaspard et Rose s'entraînent, car ils vont participer avec leur équipe à un tournoi de volley, c'est un jour important. Le volley est un sport d'équipe où la coordination des gestes est vitale ainsi que la rapidité des mouvements.

On travaille aussi sur la concentration, les réflexes, il faut savoir anticiper... Activité collective énergique où on se vide la tête.

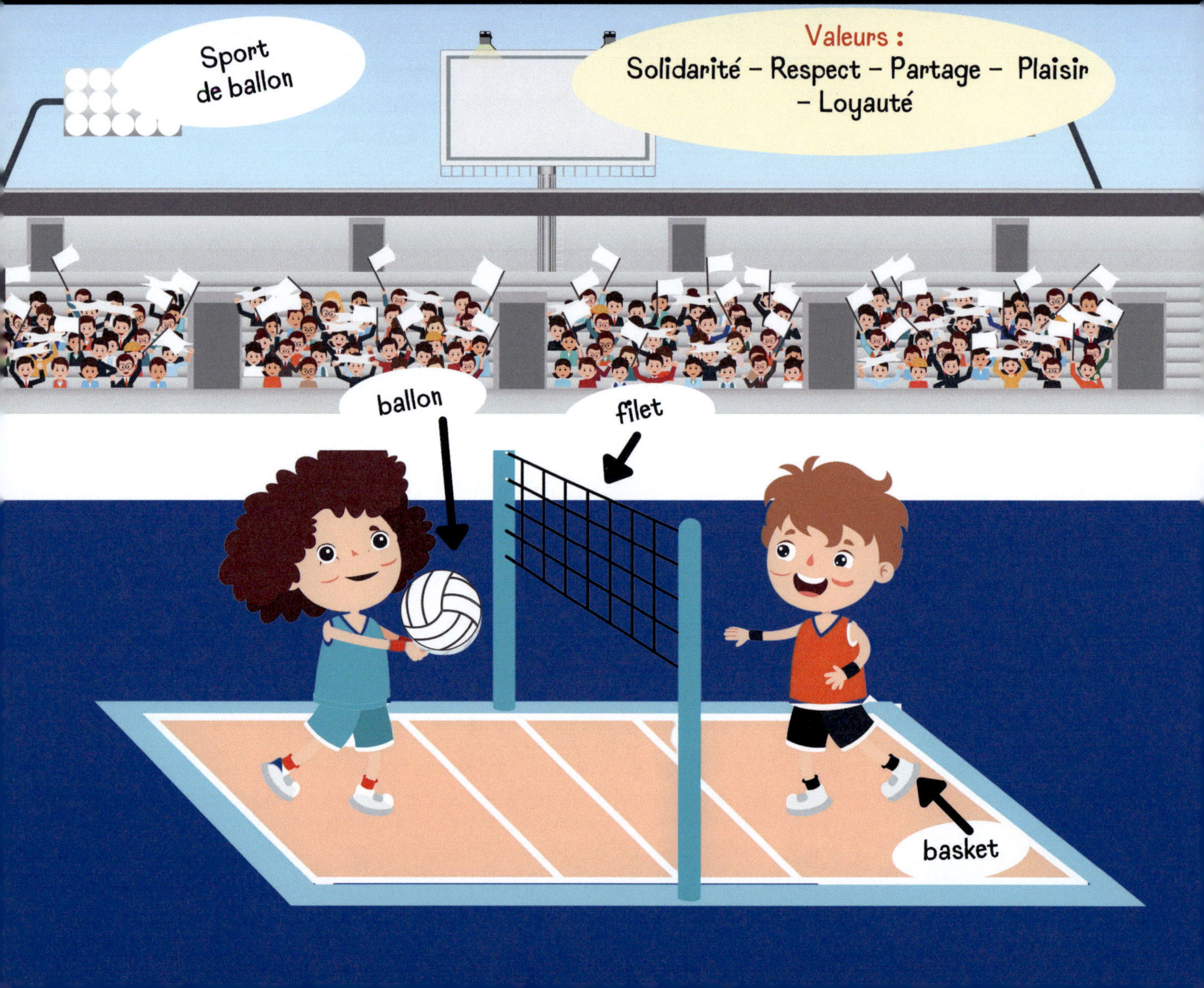

Le basket

Le basket est un sport complet, amusant et dynamique, on court, on saute, il faut être résistant. On doit esquiver nos adversaires, se déplacer rapidement, travailler en équipe, si on est un peu timide, ce sport est idéal. Il renforce les muscles, c'est un sport d'équipe, d'agilité, de coordination... et, il développe l'estime de soi. On se sent vraiment bien après avoir pratiqué cette activité.

Le ski

Quel bonheur de se retrouver à la montagne, à la neige, au milieu de cette nature blanche qu'on aime et qu'on respecte. On fait du sport tout en s'amusant. On glisse, on se sent libre, on progresse et on prend confiance en soi. C'est un sport, une activité qui fait du bien à notre corps et à notre mental. On se muscle, on brûle des calories, on affine notre silhouette. Activité que l'on peut pratiquer aussi en famille, avec des amis.

Le patinage

Le patinage sur glace est un sport et un art. On peut le pratiquer seul ou en couple. Lola et Lucie apprécient ce sport car c'est une activité gracieuse, on se sent libre, on glisse on fait des mouvements, des pirouettes, des sauts avec la musique. On développe son équilibre, les réflexes, la coordination motrice, la souplesse. Il faut être concentré pour ne pas tomber, c'est très technique mais on a beaucoup de plaisir à le pratiquer.

Le hockey sur glace

Quel plaisir de glisser sur la glace. C'est un sport d'équipe ludique et original le plus rapide. Il fait travailler l'équilibre, la motricité, la respiration. On apprend à se déplacer avec une crosse et un palet, à s'arrêter, à changer de direction, à tomber sans se faire mal, on doit porter un gros équipement (épaulières, coudières, jambières, plastron, protège cou...). Il y a beaucoup de règles à respecter. C'est une activité qui révèle les timides et qui canalise les hyper-actifs.

Le skateboard

Lola aime les sensations fortes, elle fait du skateboard dans le parc. Avec certaines figures, elle à l'impression de voler! Tout en s'amusant, Lola gagne en confiance. Avec le skateboard, Il faut avoir de l'équilibre, être agile. On travaille l'ensemble des muscles de notre corps, on développe les rélfexes, la souplesse. C'est une activité "cool-attitude". Et ce qui est chouette, c'est qu'on peut personnaliser sa planche!

Le roller

Seul ou en équipe, le roller nous fait progresser au niveau de la motricité, de l'équilibre. C'est un sport loisir d'endurance, on dépense de l'énergie. On prend confiance en soi, il faut être persévérant, car parfois on peut tomber mais il faut se relever et continuer, vaincre sa peur, se dépasser, se concentrer. Activité conviviale car on le pratique souvent à l'extérieur et à plusieurs.

Le tir à l'arc

Il faut que la flèche soit au centre de la cible, pour être un bon archer. Pierre a presque réussi!

Le tir à l'arc est un sport ludique et rigoureux. Il favorise le développement de l'autonomie, de la concentration, de la coordination des mouvements et la confiance en soi.

Il faut être stable avec son corps, l'ensemble du corps est sollicité.

C'est aussi une activité conviviale que l'on peut pratiquer en famille ou entre amis.

L'équitation

Faire du poney, du cheval, est très ludique mais aussi très technique. On devient plus attentif, plus sociable, persévérant. Paul et Juliette adorent, ils peuvent s'occuper des poneys, ils les brossent, leurs donnent à manger. Et ensuite ils font des ballades, ils apprennent à trotter, à faire du galop. L'équitation développe la motricité, l'équilibre, canalise l'énergie et on apprend à respecter l'animal. La complicité avec l'animal nous donne confiance.

La danse classique

Diane et Gabrielle aiment faire de la danse classique, car elles se sentent libres et gracieuses. C'est un sport qui demande un contrôle total de son corps, de la concentration, de la souplesse et de la discipline... A travers le corps, les émotions se transmettent, le stress se réduit, la confiance en soi augmente... C'est une activité rigoureuse, on apprend à maîtriser ses mouvements, on gagne en légèreté et en élégance.

Valeurs :
Plaisir – Respect – Effort – Persévérance – Liberté – Rigueur – Dépassement – Solidarité

La gymnastique

Thomas, Clara et Celia sont des gymnastes. Clara fait de la poutre, Celia de la danse rythmique et Thomas des anneaux, on peut pratiquer plusieurs agrès. Ces sports aident à travailler l'autonomie, la coordination des mouvements. On développe également la concentration, la confiance, l'endurance, l'esprit d'équipe, la souplesse, l'agilité, la puissance, la concentration, l'estime de soi, l'équilibre.

Valeurs :
Respect – Solidarité– Effort – Persévérance – Patience – Dépassement

La natation

Lili et Léo font de la natation. Des vrais petits poissons. La natation est excellente à tous les niveaux. La liberté est totale. Elle développe les capacités physiques, on se muscle de façon harmonieuse sans impact pour les articulations. Elle forge la personnalité et est très bénéfique pour le développement personnel.

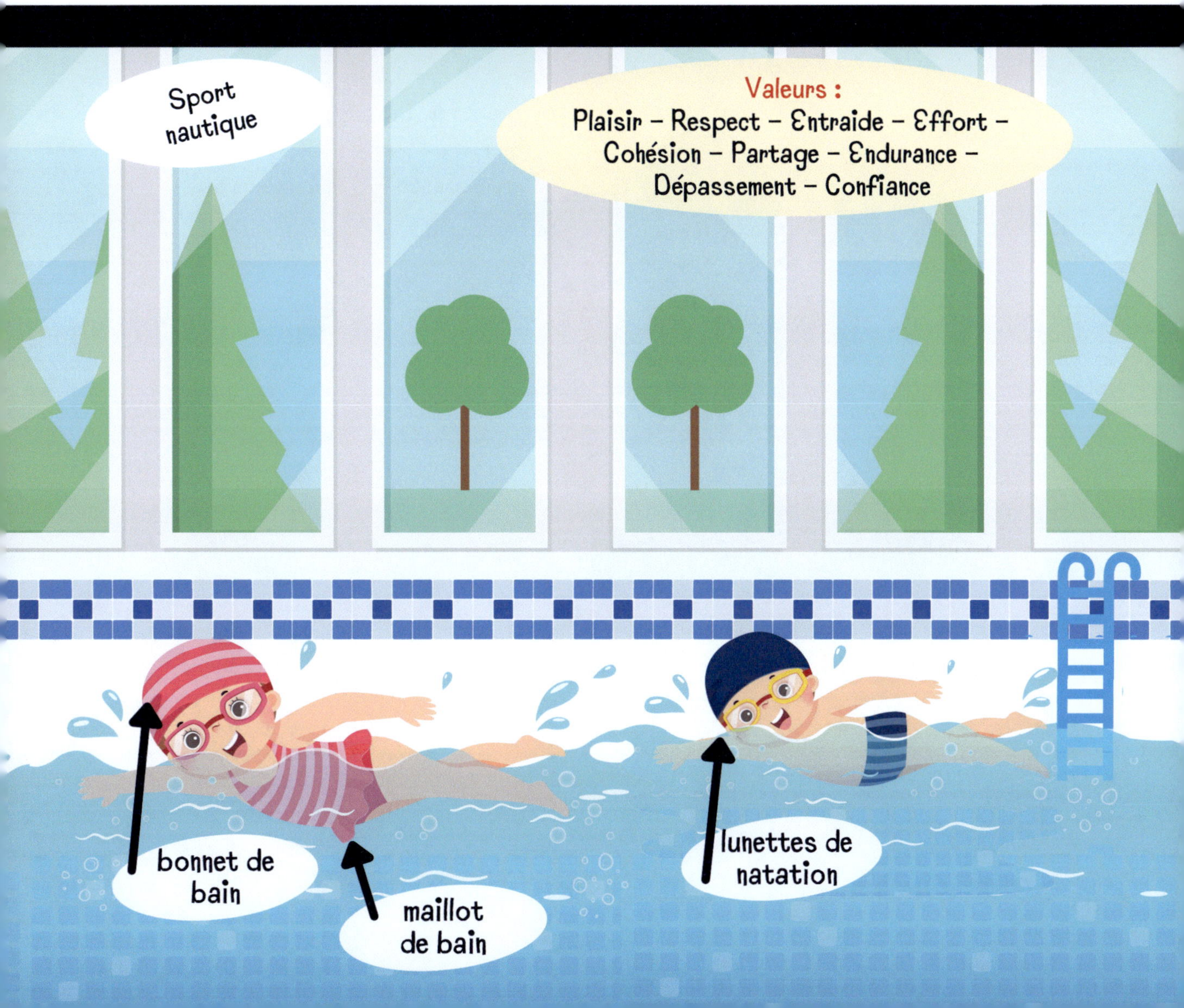

Le surf

Noah glisse sur les vagues, c'est une sensation de liberté, il se ressource, il évacue son énergie. Il s'amuse tout en faisant un sport ludique. Mais ce n'est pas facile, il faut être régulier dans ses efforts, il faut être concentré. Noah aime la nature et profiter de la mer est son grand plaisir. Et quand il réussit une figure, il est fier de lui.

J'espère qu'à travers ce livre, tu as pu découvrir des sports que tu aimerais pratiquer.

Le but était de te présenter par de belles illustrations, différentes disciplines que tu ne connaissais peut-être pas pour t'aiguiller dans tes futurs choix.

Tu as la possibilité d'en pratiquer plusieurs.
Est-ce que tu peux maintenant répondre à la question : "préfères tu un sport individuel ou collectif ? "
L'important est d'essayer, et ce n'est pas grave si tu arrêtes un sport si tu estimes qu'il n'est pas fait pour toi. Le principal est de découvrir celui qui te correspondra et avec lequel tu prendras beaucoup de plaisir.

Le sport apporte beaucoup de bienfaits pour notre santé, notre corps, notre mental. C'est important d'en pratiquer un pour le développement physique et psychologique.

Tous les sports véhiculent de belles valeurs et tu vas vivre des moments intenses de partage et d'émotion , c'est certain.

Allez lance-toi champion(ne)! 

Je te remercie beaucoup pour le temps que tu as pris pour lire ce livre.

J'espère que tu as passé un beau moment de lecture et que tu as aimé les illustrations.

Si ce livre t'a aidé à découvrir les sports, alors j'en suis profondément touchée.

N'hésite pas à le partager autour de toi et à laisser ton avis à propos du livre sur amazon, même succinct, afin de me dire si tu l'as apprécié.

Pour cela, il te suffit de flasher ce QR code juste en dessous pour atterrir directement sur l'espace commentaires Amazon du livre.

Pense à tous les enfants que tu aideras simplement avec ce commentaire et avec ton avis.

À très bientôt j'espère.

SCAN ME

Printed in France by Amazon
Brétigny-sur-Orge, FR

15009818R00018